Gareth Wood
UCL
July 2019

Biografía del explorador

JOSÉ OVEJERO

BIOGRAFÍA DEL EXPLORADOR

NVN
NAVONA

Para empezar, el nombre. Se trata de una invención. John Rowlands era el verdadero. Dos palabras que bastaban para recordar al héroe su pasado vergonzante. Dos palabras que urgía borrar del recuerdo de los vivos. Dos palabras que recurrían ofensivas en boca de periodistas morbosos, y cuyo eco no acababa de ahogar el sonoro alias. Stanley, por más que gritase, jamás dejaría de oír en su cabeza el nombre con que le castigaron al llegar al mundo.

Porque la historia de una persona no comienza la hora del nacimiento, sino años, quizá siglos antes, hablaremos ahora de los padres.

LA MADRE, ELIZABETH PARRY

Ser madre es un trabajo sucio. Tan sucio
como enviar soldados a una muerte cierta.
El día que Johnny nació sentí tanta vergüenza,
que no miré a los ojos a quienes, radiantes,
se empeñaban en felicitarme. Tanta vergüenza,
que tampoco miré a los ojos a Johnny
la primera vez que los abrió al mundo. Creo,
pero nunca estaré segura,
que los recién nacidos tienen los ojos azules.

El caso es, y lo digo sin sonrojo,
que yo podría haber sido una buena madre.
Para ello hubiese bastado alumbrar en una isla,
lejana y cálida, donde los frutos doblaran los árboles
con su peso generoso, donde Johnny hubiese podido jugar
al escondite con niños a los que nada faltase. Y su padre,
mi hombre, nos habría construido una cabaña
con hojas grandes como una persona,
y con cañas dúctiles como mi cintura,
y con una esperanza limpia de recuerdos.
Una cabaña para protegernos las escasas tardes de tormenta.

Pero alumbré la pobre criatura contra el cieno
de la carbonilla y la lluvia y la miseria
de una aldea galesa. Lo arrojé a la vida
sin poder regalarle un padre que lo recibiese,
orgulloso, entre sus brazos. Lo estrellé, sin compasión,
contra un corrillo de tíos, primos y abuelos,
que contemplaban con recelo la boquita ávida.

Ser madre es un trabajo sucio en los tiempos que corren.
Por eso yo me niego a serlo. Nunca tuve un hijo
que se llamase John Rowlands. Ni tuve a esos otros
que recorren el mundo, acusándome de qué se yo qué crímenes.
No tenía más que dieciocho años cuando no tuve a Johnny.
Si hay quien dice que yo soy su madre
es porque el mundo siempre busca un culpable.

EL PADRE, JOHN ROWLANDS SR.

La botella, la botella
vacía, rueda, el ruido
del cristal contra la piedra,
otra más, antes de que acabe
el día, antes de que empiece
la noche,
con sus fantasmas
y los míos, oigo
voces, se ríen
de mí, y yo con ellos,
brindo, a mi salud,
el hígado me mata,
pero no solo el hígado,
me matan los ojos de Elizabeth Parry.

La botella, llena
de promesas
huecas, pero tan dulces,
promesas, mis palabras vertidas
en el oído sediento,
ella tiembla, y yo tiemblo
pensando cuánto necesito un trago.

Solo uno. Apenas si acierto
a bajarle la falda.
Lo consigo y me río,
y muriendo de risa
descorcho,
me bebo,
el cuerpo rendido de Elizabeth Parry.

La botella cayendo
de mi mano, de mi mano
impotente, y el vidrio
hecho añicos,
mi vida, la vida,
el licor pegajoso
que apenas si fluye,
se estanca, lentamente gira,
sobre sí mismo, el mundo
gira,
también un recuerdo,
sus ojos, me matan,
me arrancan el alma,
los ojos llorosos de Elizabeth Parry.

«El niño abandonado se convirtió entonces en una carga, en un gasto anual —cuyo importe es la décima parte de lo que me cuestan al año mis Habanos selectos—; hay que librarse del niño abandonado, ¿pero cómo? ¡Qué pena que no muriese! Si el asesinato fuera un delito sin castigo, ya se habrían librado diligentemente del niño abandonado.»

H. M. S. a su prometida
Katie Gough-Roberts

No podía despertar la mañana.
Las nubes arropaban el día
como para asfixiarlo. Las vacas,
cabizbajas, ni siquiera se interesaban
por los pitidos del tren.
Un día como otro cualquiera,
se dijo Moses Parry y aspiró
para avivar la lumbre del cigarrillo.
Se alejó del porche unos pasos,
otro par de caladas, una duda que espantó
de un manotazo: no están los tiempos
para ser blandos; el pellejo, el alma,
el corazón son como la madera; con el fuego
se endurecen. Buscó en el suelo
con los dedos. Pensando en otra cosa
tendió la trampa.
«Johnny», llamó, «ven con tu abuelo.»
El niño llegó dando saltos, ignorando
el peligro. El viejo
se pasó la mano por la cara
para ocultar la risa.
«Tráeme el bastón, Johnny, sé un buen chico.»

Era cuestión de tiempo. De paciencia,
de no ceder hasta lograr el propósito.
Johnny corrió a cumplir el encargo,
mientras brincaba y luchaba con enemigos invisibles.
Con el bastón el anciano señaló hacia la casa:
«Niño, tráeme un tazón de leche»,
pues era necesario reducir su entusiasmo,
acortar sus pasos.
A mitad de camino el niño sonrió:
no había derramado ni una gota.
El viejo le alentó a seguir con la mirada.
Johnny gritó primero de sorpresa, luego
de dolor, después para ocultar la vergüenza
de que le hubiesen engañado.
Se sentó junto al camino;
examinó la planta del pie.
Pero la colilla oculta en la arena
le quemaba sobre todo en el rostro.
«Así aprenderás», le instruyó su abuelo,
«a no andar todo el día descalzo,
como un salvaje.»

JAMES FRANCIS, MAESTRO EN EL ASILO PARA DESAMPARADOS DE ST. ASAPH

Todos duermen. Sus ojos dos caracoles
resguardados del fulgor de lo oscuro. Y sueñan,
seguro que sueñan, se escapan, de mí,
que tanto les amo.
Sus manos, muertas ahora y blandas
—como culebras ahogadas en un charco—
de día desgarran el vientre del mundo,
sus manos armadas de diez cimitarras;
son jóvenes, sí, son jóvenes,
y por eso no agradecen ni recompensan. Para ellos la vida
es un huerto sin dueño.
En el nombre de Dios les damos las migas
que escapan de bocas felices, ah, tan felices,
y ellos devoran su parte
aun sin hambre, pues no aprendieron a elegir
o rechazar, ellos, que solo saben
de órdenes y amenazas.
Soy yo quien apacigua sus pasiones
y temores —a veces con sangre, otras basta una mirada—
yo el capitán de este buque encallado
en pantanos sin fondo, yo
capitán de esos cuerpos que pecan

entre sábanas tibias
de mugre, de ansia, y yo velo,
con los ojos cerrados también, para oler
ese flujo de miembros, la carne que huye en el sueño
a una infancia que nunca tuvieron.

(Yo tampoco. Yo tampoco.)

Recorro el pasillo en silencio. En cada cama dos,
tres cuerpos. En cada cama un racimo
de futuros ciertos y crueles.
Mi garganta se cierra, mis manos no tiemblan
cuando acarician los cabellos sucios
de esas sucias vidas, las suyas. No tiemblan,
se abren, como una pregunta, también
como una dádiva.
Esos niños míos, todos míos,
yo capitán, timonel, les llevo, arrastro,
más allá de esta ciénaga, les beso,
sí, les beso en la boca
en el nombre de Dios.

RETRATO DEL EXPLORADOR ADOLESCENTE.

Es amargo ser huérfano
teniendo padre y madre. Amargo vivir
de la caridad y el desprecio de los más allegados.
Es amargo el día y es amarga la noche,
amargos los sueños, las derrotas,
las victorias. Y qué sabor tendrá, si no amargo,
el plato que le ponen delante como por descuido.
Tanto dolor le rompe a uno el corazón, peor aún:
no lo rompe,
lo oprime, lo aplasta, sin llegar jamás a romperlo.
Aunque jure que un día no necesitará a nadie,
que será el más fuerte, el más rico,
incluso el más bueno,
allí continúa esa baba amarga,
envolviendo su lengua como un vendaje.
Henry Morton Stanley sería siempre un hombre frugal.

El mar. Por fin.
La sal. El viento.
Una gaviota. Su grito
ansioso. Rowlands
—aún Rowlands—
soñando en cubierta.
Por fin. El mar
ante su mirada, el mar
sin límites, o así dicen.
Y detrás, ellos,
todos ellos,
un rumor, apenas
una sombra, un mal
recuerdo. El mar,
por fin, la brisa,
las velas hinchadas,
el pecho reventando
de alegría, de qué
si no. No huye,
se aleja, busca,
una vida nueva,
incluso un amor,

o una historia,
por qué no, un nombre.
John Rowlands, solo,
en cubierta, y el mar,
el mundo entero,
justo bajo sus pies.

Para Stanley Gales no eran colinas
y apacibles ovejas, ni la espesa llovizna
que todo lo ablanda, incluso
el recuerdo: sino barro,
días desconchados, sábanas lientas,
niños cuyas risas se quiebran
en ronquidos adultos, gestos que parecen
cubiertos de moho, la rabia
viscosa de los más ancianos.

Sin embargo Stanley regresa,
vuelve al pasado
como si aún pudiese cambiarlo.
Ahora es un hombre: convencerá a todos
de que la vida
pudiera ser diferente.
Contará a sus padres la batalla de Shilo
—quizá omitiendo la sangre y el miedo—,
les mostrará sus manos firmes,
y describirá una América que no existe,
explicará proyectos
inventados para ellos tres,
se mostrará en una foto con traje alquilado.

Pero el padre murió en la batalla
contra el último trago. Solo la madre le espera
en una posada de Denbigh,
la del nuevo marido.
Nada puede Stanley contra tanta amargura.
Las sonrisas, sueños, relatos se estrellan
contra dos ojos fríos, contra un pecho
tan seco que parece crujir
cada vez que respira.
«No vuelvas», se muerde los labios Elizabeth Parry
—hoy Jones— y Stanley quisiera ver
la sangre brotar, un gesto de dolor,
cualquier testimonio
que revele un ser vivo.
«No vuelvas», insiste esa máscara
y su mirada parece sumida en el polvo.
«¿Que?» por ganar tiempo, por no huir
envuelto en aullidos.
«No vuelvas a mí, sin ser un hombre rico.»

Una moneda y una noche en la posada.
Y palabras que podrían ser para cualquier otro.
Stanley no sabe qué hacer,
adónde ir, para eludir los regalos.
El Atlántico, y todos los mares del mundo,
y algún lugar en el que nadie le reconozca.
Ni siquiera él mismo.

Hay un momento..., cuando el niño se despoja de sus errores y su torpeza, y se pone la máscara de hombre.

Autobiografía, p. 240

DE LA NIÑEZ Y LA JUVENTUD DE STANLEY SE CUENTA LO SIGUIENTE:

que su padre era abogado,
—una persona respetable, por tanto—;
que huyó del orfanato a los 15 años
tras golpear a un maestro que le había castigado sin razón;
que naufragó frente a Barcelona,
a cuya costa llegó desnudo y agradecido;
que un campesino turco le asaltó para robarle
y para violar a su compañero Louis Noe —quizá en
[exceso afeminado—;
que se escapó del campo de prisioneros de Camp Douglas
sorteando las balas de los centinelas yanquis;
que se condujo como un héroe a bordo del Ticonderoga,
de la US Navy;
que acompañó a guerrilleros cretenses en un victorioso
[ataque contra una columna turca;
que en 1868 compartió su mesa con tres reyes.

Todas estas afirmaciones son rigurosamente falsas.
Las inventó
Henry Morton Stanley.

LA HISTORIA, SEGÚN LOUIS NOE

Aún hoy no sabría decir por qué, pero lo cierto es que me odiaba. Nunca le di motivos, lo juro, juro por mis muertos que fui un compañero fiel, siempre dispuesto a acceder a sus deseos, a ejecutar sus órdenes.

Lo que ha contado a los periódicos es mentira, una de sus muchas invenciones. Lo cierto es que fue él quien tuvo la ocurrencia de atacar al árabe. «Louis», me dijo, «necesitamos dinero; ya me has dejado una vez en la estacada; confío en que no vuelva a suceder.»

Aquí, si me lo permiten, haré un inciso, para explicarme, para que sepan por qué Stanley me decía eso y para que me digan ustedes, por el amor de Dios, si no me trataba despreciablemente.

La cosa venía de meses atrás, después de que desertáramos juntos del ejército de la Unión. Stanley me convenció para que participase en una de sus tretas para obtener dinero. Era muy simple: él me llevaba a alistarme en el ejército bajo un nombre falso, cobraba la prima, muy jugosa, que entonces pagaban, necesitados de hombres como estaban para su mezquina guerra, a quien convencía a alguien para que se alistase; una vez el dinero en el bolsillo de Stanley yo volvía a desertar y me alistaba otra vez con un nuevo nombre. Pero por suerte hicimos una visita a mi familia. Cuando conté la treta a mi padre, este, un hombre prudente, me abrió los ojos, porque yo estaba hechizado por la personalidad de Stanley, y tras algunas consideraciones y bastantes golpes, me convenció para que desistiese de mis planes. ¡Cristo!, tendrían que haber visto a Stanley, qué gritos daba, qué acusaciones hacía, él, un desertor como yo, me repetía una y otra vez que mi traición era repugnante y que tendría ocasión de arrepentirme de ella. Y vaya si la tuve. Quizá porque sentía remordimientos por haberme echado atrás, accedí a acompañarle en su viaje a Turquía. Loco de mí, no me daba cuenta de que Stanley me llevaba para vengarse. Apenas nos habíamos adentrado unos kilómetros en el país, apenas nos habíamos alejado lo suficiente de cualquier compatriota que pudiese oír mis quejas —salvo ese miserable Cook que nos acompañaba—, Stanley se bajó del caballo, me ató a un árbol —estábamos en medio de un bosquecillo de granados— y se puso a azotarme como un salvaje. Cinco días tardaron las heridas en cerrarse. Mi error fue creer que con ello quedaba saldada nuestra cuenta.

Como decía, todo fue idea de Stanley. Fue Stanley quien se dirigió al turco para convencerle de que yo, que aguardaba en una hondonada cercana, era una mujer vestida de hombre y que si me palpaba podría convencerse de ello. La idea de Stanley era golpearle por la espalda —quizá matarle, no sé— y despojar al infeliz de su dinero.

Cómo acabó la historia ya lo han leído en el *New York Sun* —lo que dice el *Herald* es una sarta de mentiras para proteger a Stanley—: el turco se defendió cuchillo en mano; tras huir de nosotros, reunió a sus amigos, que nos dieron caza y no pocos palos. Resumiendo, acabamos presos de esos bárbaros. De no haber sido por la generosa intervención del cónsul americano —a quien Stanley ha calumniado para justificar que nunca le devolvió el dinero que nos prestó para regresar a nuestras casas— no me cabe duda de que habríamos terminado allí nuestros días.

Lo único que añadiré, aunque no es algo que deba aparecer en los periódicos, es que hay una imagen que no se me va de la cabeza. A veces me digo que lo he soñado, que ni siquiera Stanley podía ser tan cruel. Pero, no sé, es una imagen que me atormenta cuando bebo más de lo debido, o en las noches de insomnio, o sencillamente de pronto, sin motivo alguno. Veo a Stanley envuelto en una manta, en la cueva en que estábamos prisioneros de los bribones turcos. Stanley sonríe, no abiertamente, más bien como si se contuviese, pero es una sonrisa lo que veo en su rostro mientras uno tras otro los tres perros mahometanos me tratan como una hembra.

DECLARACIÓN DE KATIE GOUGH-ROBERTS

Como los hombres prefieren la admiración al cariño, escuchaba pacientemente sus historias y fingía creer sus mentiras.

En realidad, no puedo decir mucho sobre él. Era de baja estatura —lo que no siempre se aprecia en las fotos—, y caminaba muy erguido, tanto que, en cualquier otra persona, sus andares habrían resultado ridículos. Era atractivo, aunque algo tosco. Tenía una mirada recelosa, como si contase con que alguien fuese a engañarle o reírse de él. Solo cuando narraba una aventura parecía que sus ojos se volvían cálidos. Los únicos regalos que me hizo fueron flores o bombones. Eso lo dice casi todo de un hombre.

Yo le conocía ya de oídas. Algunas amigas se susurraban historias procaces y se enardecían pensando en la pasión de hombre tan feroz. No negaré que me sentía excitada y temerosa la primera vez que nos encontramos a solas. Para resumir la historia diré que nunca me dio un beso. A lo sumo tomaba mi mano mientras me relataba una de sus hazañas. Creo que Stanley no era feliz. Tampoco lo habría sido conmigo.

Aunque es verdad que le engañé, que hice lo que millones de mujeres han hecho antes que yo, romper una promesa, probablemente los dos salimos ganando. No me imagino a Stanley saludando a los vecinos de camino a la Iglesia; ni atizando su pipa al amor del fuego, mientras nuestros hijos juegan en el cuarto de al lado. Quizá de anciano sí, pero qué mujer es capaz de aguardar tanto. Stanley quería un hogar en el que esconderse del mundo. Yo, que era joven y aceptablemente hermosa, quería lo contrario: que mi hogar fuese una vitrina.

ZANZÍBAR

La isla es, de lejos, el paraíso, esa tierra
que todos quisiéramos habitar,
cuando menos en sueños.
Las hojas de los cocoteros se hinchan como velas,
de la playa llegan voces de chiquillos jugando,
el mar parece de pronto un antiguo amigo,
casi sorprende no oír ninguna canción
en boca de nativos risueños.
Apenas puede uno aguantar la impaciencia
y no saltar por la borda de ansia,
de pura alegría, de ganas
de poner los pies sobre la felicidad.
Zanzíbar es un sueño hermoso,
nada más que un sueño, como todo lo perfecto.
Porque Zanzíbar no existe. Son historias que cuentan
[marineros
que jamás desembarcaron en la isla,
cartógrafos que trazaron líneas para delimitar
lo incomprensible.
Hay incluso quien dice que en el aire de Zanzíbar
flotan esencias incomparables, olores
que sumen a los hombres en placenteros ensueños,

y que basta aspirar la brisa de la noche junto a una mujer
para que el amor brote.
Los que así dicen han visto
—creen haber visto—
los granados, los tamarindos, los claveros,
los mangos, los canelos,
los naranjos brillantes de azahar. Espejismos
que engañan a todos los sentidos.
Porque en Zanzíbar, si existiese tal isla,
no olería ni a flores ni a especias,
sino al sudor de los esclavos hacinados en las bodegas,
a excrementos de hombres, perros y cabras,
a podredumbre, al dolor de los leprosos,
a la fatalidad del negro borracho
caído en un charco.
Zanzíbar es un engaño para ojos románticos
y bolsillos repletos. Zanzíbar solo existe
en las fotografías de los viajeros.

«Me estoy muriendo.»
Con el rostro contra el suelo,
las mandíbulas temblando,
William Farquahar parecía devorar pasto.
Stanley se golpea las botas,
la mirada en una acacia tan lejana
que amenaza caer tras el horizonte.

«Me estoy muriendo.»
El sol avanza sin prisa. El cielo
se derrite chirriando. Y las piernas
de Farquahar parecen de madera podrida.
Los ojos silenciosos de los porteadores
aguardan una palabra o un gesto
para recoger al caído.
«Que se quede en Mpwapwa;
nosotros, claro está, continuaremos la búsqueda.»

«Me estoy muriendo»,
insiste William Farquahar,
aunque aún no sabe que es cierto.

La cópula inaudible
de los escarabajos, la baba
viscosa
subiendo y bajando y subiendo
y bajando
por la tráquea ulcerada
del negro durmiente
durmiente
durmiente,
la noche un susurro de fétido
aliento,
la mano asesina
que abre la tienda,
tan cerca,
tan lejos de todos,
de mí mismo, de
Henry
Morton
Stanley, tan cerca
el miedo, y la fiebre
una oruga voraz,
un grito,

un muerto, uno más,
una puerta
para escapar de la vida,
hay un olor
de animal corrompiéndose,
las entrañas abiertas, mi futuro
un coágulo, la luna
una nave en llamas,
tiembla
la vida entera, mi lengua
es un pescado podrido,
completamente a ciegas
cómo salir,
cómo salir....

Podría decirse que se mueren de tanta sorpresa.
Es, claro, una manera de hablar.
Pero es que lo he visto tantas veces.
Llegan, pintados, feroces,
presentando el pecho como escudo,
blandiendo la voz como un arma arrojadiza.
Son hermosos, más que nosotros, y lo saben.
Como también saben que su brazo
es más fuerte que el nuestro.
Setenta yardas son una distancia infinita;
se saben, se creen, inmortales
a setenta yardas.
Unos pasos más y la lanza
saldrá de su mano con su mortal mensaje.
Sonríen de odio, viéndonos ya heridos,
vencidos,
muertos.
De ahí su sorpresa,
de ahí esos ojos, siempre los mismos,
girando asombrados, la nariz dilatada, la boca
a punto de enunciar la pregunta.
Yo creo que ni les duele. Cuando su vientre revienta

no es dolor lo que sienten.
Lo sé, lo he visto tantas veces:
solo quisieran una explicación, que alguien les diga
por qué se están muriendo si aún estábamos tan lejos.
Por eso que continúan corriendo,
tienden sus manos hacia nosotros,
sin siquiera ocuparse de recuperar las vísceras
que cuelgan de su cuerpo.
Son tantas preguntas las que quisieran hacer,
que no les caben en tan pocos segundos.
Todo ese esfuerzo para luego caer en el polvo,
su sangre mojando la tierra sedienta. Y se mueren,
—quizá aterrados, el mundo ahora un auténtico enigma—
mueren sin saber qué es un rifle para matar elefantes.

También hay otros que aman la selva.

Lo innumerable
de sus ruidos, de los ecos
que se transmiten entre la espesura
como una infección
por las venas de un enfermo.

Hay quien ama la tímida mirada del antílope,
la fuerza del búfalo,
incluso la honesta laboriosidad
del gusano de seda.
O acarician los pétalos de una orquídea
como si fuesen los labios
de la mujer amada.

Y dan gracias a Dios,
porque el mundo es sorprendente
e infinito.

Ninguno de ellos, créanme,
sobreviviría una semana en la selva.

I

Porque cuanto más sufre, más se ríen.
No hay compasión,
ni esperanza.
El rostro debe ser de acero,
casi tan duro
como el corazón.
Única pasión, la ira.
Única debilidad, el orgullo.

Ni una palabra de sobra,
ni un gesto
del que pueda prescindirse.
Un paso en falso
y caen sobre ti,
moscas glotonas y despreciables.

Es preferible no vivir
a caer muerto.

II

El doctor Livingstone,
supongo.

Lanzaban sombreros al aire
y las miradas sorprendidas, gozosas,
de quien descubre que, después de todo,
la vida es hermosa.
Los más mugrientos eran los más felices,
sonreían más las bocas desdentadas
pero también los ricos condescendían
a honrar el espectáculo
con su presencia distante y aquiescente.
Stanley, desde cubierta aún,
confuso y orgulloso,
se mareaba mirando ese mar
de rostros excitados
que recibían al héroe
con gritos patrióticos y tragos de ginebra.
Cuando bajaba por la pasarela
hubo un movimiento como de oleaje
en la multitud, la masa
era un fluido que crecía hacia Stanley,
quien, hombre tímido, a punto estuvo
de dar un paso atrás.
La policía contuvo el desbordarse

del pueblo —peligroso siempre
cuando odia y cuando quiere—
con golpes desganados
para los más entusiastas.
Se abrió un pasillo de reverencia
por el que avanzaron unos hombres
conscientes de su importancia.
Sin embargo fue fría la mano
que estrechó la de Stanley,
y la sonrisa, y las palabras de enhorabuena,
eran las de quien recibe un favor
a regañadientes.
«Gracias, en nombre de Gran Bretaña»,
le dijeron, pero no se decidían
a franquearle el paso. Hubiesen preferido
una jubilosa despedida
en lugar de acogerle entre ellos.
«Ha sido un placer», repuso Stanley distraído
para ponerles en su sitio. La enemistad
les uniría para siempre.
Luego llegaron los periodistas,
y las preguntas sobre Livingstone,
y también una voz más ronca que el resto:
«Johnny, hey, Johnny,
¿ya no te acuerdas de tus parientes?»
Olía a ginebra y a la colilla

que acababa de recoger del suelo.
Escupió ante sí para abrirse paso
y abrazó a Stanley, incapaz de defenderse
de tan mezquina agresión.
«¿No te olvidarás de tu primo
ahora que eres un hombre famoso,
eh, sinvergüenza?»
Y Stanley recordó la aldea,
y su orfandad
y la casa de pobres
y tantos años de sonrojarse
por mendigar una mirada de aprecio,
y se acordó de cuando tenía dieciocho años,
del día que se subió a un barco
para cruzar un mar
que le separase de todo aquello.
El mar devolvía ahora a la costa
los restos del naufragio.

No gritan sino que sonríen.
No tensan su cuerpo para el disparo,
sino que hacen leves reverencias.
No devoran a sus víctimas,
sino que brindan con ellas,
y parece, solo parece, que ignoran
el color de la sangre.

Jamás se sintió Stanley tan indefenso
como en los salones de la nobleza británica.

—Este que ven aquí, señoras y señores,
es mi boy Kalulu, descendiente de un príncipe.
Kalulu me ha acompañado
en los más duros momentos.
Kalulu, di algo a este gentil público.
—¡Viva la reina Victoria!
Clap, clap, clap.
—Y ahora Kalulu va a cantar para Vds. en swahili.
Clap, clap, clap.

P. Maes, Uitgever, Brussel — Druk. Ad. Mertens, Brussel.

KANNIBAAL

(Uit de omstreek van Stanley-Falls.)

Soñaba con un mundo ordenado
como un jardín inglés:
la apariencia debía ser de paisaje,
pero ni un arbusto crecería
contra la voluntad del arquitecto.
Soñaba con arrojar una nítida luz
sobre todas las sombras de su reino:
ni un rincón, ni un escondite
para la mugre que todos destilamos,
pues hasta la reina está hecha de carne.
Ah, sí, ella, la carne
sucia que se vende o entrega
a juegos de animal, debía ser desterrada
para siempre: secretamente la reina
agradecía los servicios
de su súbdito Jack the Ripper.
La reina Victoria amaba el fuego
y el hielo, pues lo tibio
es siempre fuente de pecado;
y también amaba sobre todas las cosas
los buenos modales y el cuchillo de postre.
A su rostro de batracio triste

—vean las fotos si no me creen—
afloró una sonrisa seca
como un puñado de yeso:
ante sí tenía a ese hombrecillo
de entonación nasal
y maneras de patán. Y sin embargo;
sin embargo se avino a espolvorear
su sonrisa regia sobre Henry M. Stanley,
necesitada de su ayuda
para convertir el mundo
en un inmenso jardín inglés.

REFLEXIÓN DEL REY MUTESA

El dios de los blancos habita en un libro
con tapas de cuero. El dios
de los blancos se sienta en un trono de oro
y piedras brillantes, como las que guarda el blanco
en su tienda. El dios
de los blancos
—aún no de los negros—
conoce el secreto de vivir para siempre
sin envejecer ni aburrirse. El dios
de los blancos ha llevado,
montados en su aliento,
a esos hombres de baja estatura y ropas de mendigos.
Es un dios sabio,
más sabio que el dios de los árabes,
pues no comercia con esclavos,
para no perder tiempo. Porque el dios
de los blancos lo quiere todo,
quiere mandar desde sus tierras lejanas
sobre los montes, los desiertos, las selvas y los ríos
del África más profunda, sin cambiar siquiera
el color de su piel.
El dios de los blancos es más fuerte que África entera,

más que las carabinas y las astucias de los árabes,
más que los 150.000 guerreros del rey Mutesa,
y los conjuros de los hechiceros Ganda
no llegan más lejos que el llanto de un niño.
El kabaka Mutesa ha ordenado
traducir al swahili el libro de cuero
en que habita el dios de los blancos,
para entender su lenguaje, para ver si hay manera
de comprar sus favores. Para aliarse con él y aplastar,
al día siguiente,
hasta al último blanco.

El sonido más hermoso:
la hierba crujiendo
bajo los pies del explorador.
Porque la belleza no está
en el oleaje poderoso
de un mar tropical,
ni en las nieves vírgenes
de montañas demasiado elevadas;
ni siquiera se encuentra
en la puesta de sol
sobre las sabanas de África.

Stanley solo ama los ríos
a los que ha dado nombre
y no admira la tensa carrera del leopardo
más que cuando huye de él
o le ataca; estudia las orquídeas
después de arrancarlas,
pues solo ese acto las vuelve preciosas.
Sin la mirada del hombre el mundo
es una pella de barro
y África una mancha sin destino ni dueño.
Stanley por ello ayuda al Creador
con su obra incompleta.

Mi amor, mi amada, mi amante.
Mi sueño, mi vida, mi dulce
pasión. Mi cielo, mi esclava, mi mano
recorre su cuello
rendido, mis ojos
su pecho, mi aliento
su piel.
Sus dedos temblando, su cuerpo el de un gato
y yo su señor,
sus labios mojados que aún besan mi nombre
y una promesa que Alice me hizo,
y pudo ser cierta.

When the two years are gone, if you come to claim me,
I will marry you, so help me God.

No diré que éramos amigos.
Ni siquiera diré que nos apreciábamos.
Pero teníamos una manera de callar juntos
que a ambos nos apaciguaba.
Él fumaba siempre habanos, yo una pipa de madera
que robé a un indio borracho.
Nos sentábamos bajo el toldo de la tienda
y dejábamos pasar el tiempo y la lluvia.
Al anochecer venía Kalulu a encender el quinqué.
A veces, cuando necesitábamos carne,
o cuando las cosas no marchaban bien
y había que hacer algo para no desesperarse,
salíamos a cazar. Tampoco entonces conversábamos más
de lo estrictamente necesario.
Stanley no era un buen cazador. Le perdía la impaciencia
por cobrar la pieza.
Cuando fallaba el tiro me miraba de reojo. Creo
que para descubrir cualquier rastro de burla.
Sobre todo le gustaba cazar leones,
los cocodrilos le gustaba matarlos. En alguna ocasión
le vi apostarse con el Snider en el banco de un río
y disparar sobre los saurios como enloquecido,

hasta que no había más que vientres blanquecinos
flotando en las aguas turbias.
Pienso que, en realidad, los cocodrilos le atemorizaban.
Pero, en contra de lo que algunos afirman, Stanley
no era un hombre brutal, incapaz de conmoverse.
Recuerdo una mañana, una mañana dura y agria
en Kagehyi, de camino a Ujiji. En una semana
habíamos perdido siete canoas, armas, munición, 1200
[libras
de cereal, numerosos porteadores —muertos o huidos—.
Los wangwana ya solo miraban con sus miradas más
[aviesas,
la mano cercana al puñal, la mente en la deserción y el
[robo.
El viento nos impedía usar las canoas. La muerte
rondaba nuestros sueños.
Salí con Stanley a cazar, a hacer
como que no sucedía nada. Yo no llegué a disparar un tiro,
la melancolía amortiguaba mis movimientos, era como
[nadar
en un lago de alquitrán. La selva, tantas veces hermosa,
era ahora un mundo ajeno y arisco.
Pero en medio de la desgracia cantó un ave.
No un gorjeo alegre, sino una grave melodía,
como si el pájaro recordase días felices.
Stanley encaró el rifle, lo amartilló,

pero su dedo ni siquiera rozó el gatillo.
Escuchaba embelesado, como si la selva fuese
una sala de conciertos o un templo.
Stanley escuchaba, con casi una sonrisa en el rostro,
olvidándose de la fiebre, de sus pies hinchados,
de nuestro fin inminente. Fue hermoso observar al gran
[hombre,
cautivado por la queja de un ave exótica.
No menos de cinco minutos nos quedamos allí,
los ojos puestos en el hermoso animal,
el alma en el regreso a casa. Cuando se hizo el silencio,
Stanley me miró, con aire de regresar de muy lejos.
Después abatió el ave de un disparo
particularmente certero.

PENSANDO EN ALICE

Tus manos son dos neblíes
que devorarán mis entrañas.

Atravesaré África montado en ti,
a horcajadas
sobre tu nombre.

No son acajús ni baobabs,
son columnas
cuyo fuste rezuma todas las nieblas de ese día.
El río huele a un mundo que revienta
por una herida de sangre verde y tibia y densa,
mientras la brisa se pega al rostro
con su aliento de borracho.
No hay tambores. Ni un solo tambor. Ni un canto,
ni el murmullo de la negra que machaca el cereal
pensando en el amor voraz de esa y tantas noches.
No hay tambores
sino crujidos y estridencias de una tierra
que ha dejado de serlo, ecos tan falsos
como las miradas que te venden la vida en mohosas esquirlas.

Las aguas sedientas y el cielo lejano
a la vez que asfixiante.
Y el aire un engrudo pegado a la piel, a la lengua,
a los párpados.
La «Lady Alice» desciende escoltada
el río ancho como un desierto.
A bordo de las canoas, Stanley,

Frank Pocock, el boy Kalulu,
ciento cuarenta y tres hombres,
dos asnos, dos cabras, un cordero,
algunos niños y mujeres.
Doscientos diez días desde Ujiji, desde Zanzíbar el doble,
desde Gales un número incierto de insomnios, de fiebres,
de muertos.
Stanley en la popa,
ve el mundo huir de sus ojos.
Nada hermoso allá afuera. Nada
hermoso aquí adentro, piensa,
como piensa que Dios no existe en África, menos aún
a orillas del Congo,
y si existe está loco.
Los mosquitos muerden con saña, muerde
el miedo
            —gritos, crujidos, susurros, venablos ocultos
                                    tras la selva acechante, sí,
                                    la selva, la propia selva
                                    un enemigo mortal—
y muerde el recuerdo de noches, de días
que pudieron ser felices: allá lejos
donde Dios sí existe
                    o podría existir,
cerca de Alice Pike,
            —en sus brazos, hundido en su aliento—

que acaso ahora mismo piensa en Stanley, y Stanley respira,
pero no encuentra brisa.
Espesos vapores inundan su pecho,
así que él piensa en la muerte,
cuando el aire es escaso,
alrededor nada más que el espanto
y ese dolor, ese ligero dolor por tanta distancia.
La mano de Pocock le toca en el hombro y aventa el ensueño,
su pipa humeante como un hogar encendido,
su sonrisa el último cabo para escapar del naufragio.
«¿En qué piensas?»,
pregunta, se sienta en la borda, paciente,
acaso sabiendo que a veces la noche es un pozo infinito,
una sima de vértigo y náusea, un lento vaivén
de pánicos ciegos.
La voz que responde parece de otro,
la voz de cualquiera, quizá de un extraño.
«En nada»,
dice y subraya mirando orgulloso a los ojos de Pocock.
«Lady Alice», apenas se mueve, pegada a la noche,
al aire, al río tan lento
que podría ser un pantano, el mundo entero
una ciénaga.

Nunca se había visto a un hombre blanco
más allá del Aruwimi.
Los Soko discutían y apostaban
sobre el origen de aquellos seres,
cuya llegada hacía tiempo
que anunciaban los tambores.
Alguno afirmaba que eran espíritus
de guerreros ahogados: por eso el color
entre blanco y verdoso de sus cuerpos.
Otros decían que eran remotos habitantes
del centro de la tierra,
y que eran ciegos como topos:
se relamían ya pensando en presa tan fácil.
En lo que todos coincidían era
en que su sabor sería más de gallina
que de buey. Decidieron atacar
a la mañana siguiente
y esa noche sus sueños fueron inquietos.

Cincuenta y cuatro canoas formaban
una presa a lo largo del Lualaba,
contra la que debían estrellarse los intrusos.

Batían las lanzas los escudos, y los remos
se clavaban en el río como para desgarrarlo.
La primera andanada se quedó corta,
pues el ansia les volvía impacientes.
¡Niama! ¡Niama!, gritaban, que en swahili
quiere decir carne, y la carne sin sangre
ni piel del enemigo pareció temblar.
Pero de pronto hubo un estruendo:
el jefe de una canoa reventaba por el cuello.
Luego fue un vientre el que estalló.
Los Soko jamás oyeron de hechizo
tan poderoso: los gritos terribles
de los extranjeros hacían explotar
los cuerpos, como calabazas
que se lanzan contra una piedra.
El aire parecía incendiarse y el pavor
de los Soko les impedía la huida.
Era sin duda el castigo
por querer devorar a los ahogados
que el mismo río no quiso comerse.
Los Soko se retiraron a donde las sombras
les impidiesen ver su desdicha.
El más anciano predijo que la batalla
anunciaba el declive de su pueblo,
que los Soko pronto serían esclavos
de los esclavos de algún gran rey.
El tiempo le dio la razón.

La vida, Alice, es un cuchillo
afilado; y el futuro
una tenaza que nos oprime
aún más que el pasado.
Unos beben, Alice, mientras otros
se pierden en el espeso laberinto
de la carne; algunos se dan al juego
o a la religión. Yo
araño el pellejo del mundo
para no pensar. Solo que ahora
tú me arrancas de mi tarea
como a un niño del vientre
en que se ocultaba. De pronto
la luz no ciega, sino que ilumina
el resto de mis días, y ese correr,
luchar, buscar, pierde sentido
porque tú estás ahí.
Por eso mis cartas, esta llamada
continua, para que los bosques de África
no oculten tu imagen, para que tu nombre
no se ahogue en lagos y corrientes
como tantos de nosotros. Mis cartas

son el ancla que me impide
definitivamente caer en el remolino.
Pero tu silencio a la vez me empuja
hacia él; tu silencio es un soplo
que amenaza devolver mi vida
a la tiniebla,
de la que creía haber salido. Alice,
¿por qué no me escribes? Alice,
¡por qué no me escribes!

Los rápidos rugen y ruge Frank Pocock,
su mano crispada el último adiós.
Como era marino se empeñaba
en despreciar el agua dulce,
como era británico cabía todo un continente
en su desprecio.
Los rápidos rugen, ruge la selva, rugen
los negros que lanzan sus flechas
desde orillas borrosas.
Han partido África por la cintura,
desde Zanzíbar hasta casi —casi—
el estuario del Congo. Desea Frank Pocock
estrechar el abrazo, lanzar
sobre esa tierra una mirada de vencedor
para luego olvidarla,
igual que haría con una hembra.
Deprisa, deprisa, quisiera
alcanzar a nado el fin del mundo,
y luego beber un trago tumbado en la arena,
pero el tiempo ruge, y ruge
el esclavo que se desploma, la cabeza
aplastada por una piedra.

Stanley les sigue por tierra,
demasiado lejos —como siempre—
para ver la mano tendida.
Son unos segundos que nadie cuenta,
Frank saltando a las aguas, rugiendo,
rugiendo el río y el hombre
para ver quién se asusta antes,
unos segundos, Dios, de dónde tanta fuerza
si es solo agua dulce,
él que soñó morir bebiendo salobre,
ruge, el mundo torrente sin arriba ni abajo,
un turbio girar, un turbio recuerdo,
rugen los rápidos y ruge Frank Pocock,
su mano crispada el último adiós.

La luna es un ojo

        vigilante.
Una nube
la ceja enarcada.
La vida puede atacar
por la espalda
        a quien duerme
sin un arma a mano.

El amor,
        un cepo,
el cuerpo de la mujer,
        un pétalo pegajoso,
el hombre,
        un insecto debatiéndose,
prisionero,
impotente,
mientras la trampa se cierra
con sigilo.

Al final del viaje se miraron
como quien despierta e ignora
si el mundo aún existe.
Olía a algas y brea caliente,
a noche en el trópico,
a papaya demasiado madura.
Algunos comenzaron a llorar
con retraso de meses;
en un grupo estalló una pelea,
una excusa para eludir la tristeza.
Eran los supervivientes de un naufragio
que había durado tres años.
Otros se abrazaban
en silencio, más para no caer
que por cariño, y alguno
buscaba con la vista
a quienes ya no estaban:
Kalulu y Frank Pocock, ahogados;
Edward Pocock, de tifus;
Barker, a la orilla del lago Victoria,
vomitando espuma y gritando
que le estaban comiendo por dentro;

los perros Castor, Nero, Bull y Jack;
docenas de wangwana sin nombre.
Ellos, los vivos, habían atravesado África,
llenado de líneas y topónimos
los mapas vacíos.
Y Stanley ahora miraba al cielo, confuso.
Las olas se acercaban a él
como perros temerosos. Tras ellas el mar
supuestamente infinito.
Adónde ir. Adónde ir.

LAS PERSONAS QUE AMÓ H. M. STANLEY:

De niño —muy de niño—
a su madre, aunque sin motivo alguno.

A Henry Moses Stanley —a quien robó el nombre—
mientras se lo permitió su orgullo.

A Livingstone, sobre todas las cosas,
porque fue para él como un padre,
que ni siquiera exigía admiración.

Disimuladamente a Frank Pocock.

Al boy Kalulu, porque eran tiempos
en que necesitaba querer a alguien.

A su sirviente William Hoffman,
cuya abyección daba a Stanley
apariencia de piedad.

A Alice Pike intentó amarla,
pero ella acabó prohibiéndoselo.

A las demás mujeres tampoco las amó,
pues solo veía en ellas prostitutas
o vírgenes puras, perfectas. Es decir,
nunca conoció a ninguna.

La cabeza de Gordon a la puerta de Jartum,
desde lo alto de una lanza,
con la boca abierta, como si gritase,
aunque es un silencio atroz el que pronuncia.
Hace horas que resonó su último grito,
al que nadie prestó oídos.
Ha caído Jartum a manos del Mahdi
y sus cien mil mendigos,
que ya no piden ni se inclinan,
sino que cojos, ciegos y paralíticos
corren que se las pelan
para recibir su merecida parte
en el reino de los justos.

La opinión pública da gritos
¡Ah! ¡Oh! ¡Ah!
Hay que salvar a Emín Pachá.
Cortaron la cabeza a Gordon.
¡Ah! ¡Oh! ¡Ah!
Y a Emín se la van a cortar.
Hay que hacer algo y pronto.
¡Ah! ¡Oh! ¡Ah!
El gobierno ha de deliberar.
Enviar un ejército es caro.
¡Ah! ¡Oh! ¡Ah!
(Es un judío a quien hay que salvar.)
Encargan la misión a Stanley,
¡Ah! ¡Oh! ¡Ah!
siempre dispuesto a viajar.
Los ingleses están encantados
¡Ah! ¡Oh! ¡Ah!
viendo a Stanley hacerse a la mar.
¿Logrará esta vez su objetivo?
¿Ah? ¿Oh? ¿Ah?
Hay quien teme verle fracasar.

Stanley atraviesa África
¡Ah! ¡Oh! ¡Ah!
Es en él cosa habitual.
Mueren la mitad de sus hombres,
¡Ah! ¡Oh! ¡Ah!
(es en él cosa habitual)
y la otra mitad enloquece,
¡Ah! ¡Oh! ¡Ah!
de lo que hacen es mejor callar.
Por fin alcanzan su destino.
¡Ah! ¡Oh! ¡Ah!
¡Han encontrado a Emín Pachá!
Le ofrecen el oro y el moro,
¡Ah! ¡Oh! ¡Ah!
Emín no quiere regresar.
Para un judío de Silesia
¡Ah! ¡Oh! ¡Ah!
África no es tan mal lugar.
Stanley insiste en llevárselo
¡Ah! ¡Oh! ¡Ah!
no se resigna a fracasar.
El honor inglés está en juego
¡Ah! ¡Oh! ¡Ah!
¡y a ese judío le da igual!

El pobre Emín se accidenta
¡Ah! ¡Oh! ¡Ah!
ya se lo llevan al hospital.
Stanley regresa a Inglaterra.
¡Ah! ¡Oh! ¡Ah!
¡Ha encontrado a Emín Pachá!
Emín se ha quedado en África,
¡Ah! ¡Oh! ¡Ah!
ésa ha sido su voluntad.
Le corta el Mahdi la cabeza.
Bah, hum, bah,
¿A quién le importa Emín Pachá?
Para un judío de Silesia,
hum, ejem, bah,
África no es tan mal lugar.

Echarnos la culpa es injusto.
La culpa y el pecado no existen,
aún menos en África.
No peca la cobra que muerde
el tobillo del niño, ni peca
el masái que deja a su padre enfermo
a merced de las fieras.
La vida es dura, eso es todo.
Por eso es injusto, sí, decir que el león
y el guerrero nuba son hermosos
o alabar su valor cuando matan,
pero sentir repugnancia hacia el blanco
que derrota a su presa.
Dios nos hizo a todos iguales:
a su imagen y semejanza.

DECLARACIÓN DE UN COLONO

Para que se entienda algo mejor lo que sucedía en el Congo, daré un ejemplo: sabrán que Stanley regresó al Congo por encargo de Leopoldo II, rey de los belgas. El viejo zorro —y me refiero a Leopoldo, no a Stanley— había conseguido hacerse dueño de vastas regiones prometiendo a las demás potencias que su objetivo era luchar contra la esclavitud y garantizar la libertad de comercio en África Central. Stanley, quien creo obraba de buena fe, fue fundando estaciones a lo largo del río, desde las que organizar la obra civilizadora. Después se nos envió a nosotros a aquel infierno.

Por supuesto, nuestra labor no era civilizar, sino obtener marfil, cobre y caucho lo más deprisa posible: antes de que nadie se diese cuenta de lo que estaba sucediendo. Para ello, gravamos a los negros con impuestos, de forma que, para pagarlos, tenían que trabajar para nosotros. Sin querer parecer cínico, diré que no éramos mejores ni peores que otros: cuando el hombre blanco llegó a África, eran las tribus más poderosas las que explotaban a las más débiles. No inventamos nosotros la flecha envenenada.

Todo habría transcurrido normalmente si Leopoldo no hubiese sido tan codicioso. Como no nos llegaba suficiente comida, nos veíamos obligados a saquear los poblados cercanos. Como no teníamos mujeres ni dinero para comprarlas, violábamos a las que cogíamos prisioneras. Cualquier negro o árabe las habría degollado después; nosotros las dejábamos con vida. Sin embargo, fueron esos «excesos», como los llamaba la prensa, los que nos dieron mala fama.

Se ha vertido mucha tinta sobre nuestra crueldad, pero no se debe olvidar que también nosotros temíamos la muerte. Si utilizábamos el látigo no era por placer, sino porque teníamos prisa. Sí, vivíamos deseando terminar cuanto antes, pues quedarse largo tiempo en África significaba hacerlo para siempre. Como nuestro sueldo era un porcentaje de lo que enviábamos a Leopoldo, intentábamos rentabilizar nuestra estancia al máximo.

Hay que recalcar que no éramos muy diferentes de los franceses o los ingleses. De forma que, probablemente, nadie se habría escandalizado de no haber sido por el asunto de las manos cortadas.

No sé cómo llegó a la prensa —aunque supongo que fue una maniobra francesa o británica, pues esos gobiernos nos envidiaban las riquezas del Congo— que mutilábamos a los negros por placer. Y se publicaron fotos de indígenas con miembros cortados, que conmovieron a toda esa gentuza, que, en realidad, se estaba enriqueciendo con nuestro trabajo, ya que gracias a nosotros en Bruselas crecieron el comercio y la industria.

Reconozco que las mutilaciones fueron un error. La verdad es que deberíamos haberlos matado y arrojado los cuerpos al río. Así no habrían quedado testigos para acusarnos con sus muñones. Pero no lo hicimos (insisto: no éramos tan atroces como dicen). Y comenzó a comentarse que nos comportábamos como bestias degeneradas. Nadie quiere recordar que teníamos órdenes explícitas de cortar una mano —la derecha— a quien no entregara suficiente cantidad de marfil. Pero luego se escandalizaban porque en nuestro botín se encontraban manos de mujeres y niños. No querían darse cuenta de que, si se asalta una aldea, son los menos fuertes los que quedan atrás. Además, si hubiésemos mutilado a los guerreros, ¿quién habría quedado para traernos el marfil?

De cercenar miembros para cumplir una orden a hacerlo con otros motivos hay un paso muy breve. Repito que prácticamente nos empujaban a comportarnos como lo hacíamos. La tacañería de los ricos nos hacía más duros de lo que éramos: estábamos obligados a mostrar una mano cortada por cada bala que disparábamos. Por eso, después de cada partida de caza, contábamos los cartuchos servidos; luego asaltábamos una aldea, en la que obteníamos la cosecha necesaria para cumplir las órdenes. Si alguna vez —y reconozco que lo hicimos— luego atamos las manos cortadas al extremo de una pértiga que posteriormente plantamos a la orilla del río, como una palmera cargada de dátiles, lo hicimos para escarmentar a una aldea rebelde, y no porque nos hubiésemos emborrachado con cerveza de mijo.

Es verdad, hicimos cosas que no deberíamos haber hecho. Y ninguno de nosotros las cometería en condiciones normales, viendo a su esposa por la noche, escuchando jugar a los niños en la pieza vecina, yendo el sábado a la parroquia. Pero estábamos en un infierno: sencillamente, preferimos ser los demonios a ser los condenados. Además, se exigía de nosotros que nos comportásemos con terrible dureza, y luego nos acusaban de ser peores que los salvajes. Ellos, desde sus sillones de cuero y sus cargos en sociedades benéficas se enriquecían sin mancharse. Incluso permitiéndose la indignación de los justos.

UNA OPINIÓN DE WILLIAM HOFFMAN

Dejando de lado las cuestiones éticas,
la carne de cabra y la humana
apenas se diferencian en sabor.
Reto a cualquiera a distinguirlas
con una venda en los ojos.

BALADA DE YAMBUYA

Bonny, Ward, Barttelot, Jameson.
El primero vivo, el segundo casi muerto,
los otros definitivamente.
En Yambuya aguardan la vuelta de Stanley,
aguardan, dicen, pero hace ya tanto
que el tiempo no existe;
no hay caminos, sino círculos.
Están solos, tanto
que hablan siempre dando gritos.
Es cierto, también hay en Yambuya soldados,
porteadores, esclavos, sombras
sordas a súplicas y órdenes:
quizá de verdad no las oyen.

Bonny fuma hierbas compradas
a *maniema* de ojos rojizos, y sonríe,
entrega un revólver a cambio
de no estar allí, todo lo da,
dinero, uniforme, sus armas
por algo de humo para no ver nada.
«Buen negocio, sargento Bonny», se dice,
y se alegra sabiendo
que él sí podrá vivir sin recuerdos.

«Dis ci pli na»,
rumiaba el Mayor Barttelot,
no una palabra,
un amuleto, un conjuro,
mejor la muerte que el desorden.
Cada mañana se afeita, engrasa
las botas y también el fusil.
«Dis ci pli na», susurra
antes de hacer el gesto
con que firma cada sentencia.
Todos, todos muertos si es preciso,
pero ni una mirada altiva.
También se cepilla los dientes, luego
sale a la explanada.
«Doscientos latigazos», ordena, un error,
pues quiso decir veinte.
Lo dicho, dicho, y corta,
con una mirada en redondo,
las protestas nacientes. Doscientos.
Al primero el *maniema* se ríe,
al segundo escupe y finge cantar,
al tercero silencio,
con el cuarto comienza
a apretar los dientes,
al sexto el primer lamento.
Veinte hubiese resistido

sin llanto, treinta le arrancan súplicas,
vómitos, a partir de cincuenta no siente,
su cuerpo una mancha cárdena y roja;
ciento treinta, los últimos,
los recibe un cadáver
o ni siquiera eso. Después
el Mayor se lava las manos,
a pesar de estar limpias,
inmaculadas.

Ward se afanaba buscando cómo salir,
un túnel acaso para horadar la selva,
y a veces bajaba hasta el río
y lloraba de miedo y de ansia.
«Ese es el camino», pensaba,
«la única ruta para escapar al horror.»
En una canoa huyó Herbert Ward,
en la que inventó historias
para justificar su huida.
Tuvo suerte; nadie quiso
saber la verdad.

Atrás quedaba la vida en Yambuya.
Bonny, Barttelot, Jameson.
El primero vivo, el segundo por morir,
el tercero perdido en su propio espanto.

James Sligo Jameson, naturalista
joven y rico, quiso saber
lo que es el dolor
para contárselo al mundo.
J. S. Jameson compró una esclava,
no para él, que desdeñaba la ayuda
en su ardua tarea. Compró una joven impúber,
la llevó de la mano, e incluso
—dicen, pudiera ser falso—
la besó en los cabellos,
antes de entregarla a los cuatro *bokoro*.
Dibujando con trazos precisos, ni un temblor,
ni una duda, dejó constancia
para quien quiera buscarla,
de cómo el caníbal despieza la víctima.

El Mayor Barttelot no soportaba
el quejido lúgubre del tambor,
«¡Que se callen!», gritó, y se llevó las manos
a la cabeza, como si quisiese arrancársela.
«¡Yo les haré callar!», anunció;
luego salió de la tienda empuñando el revólver.
Más bien no salió, sino que quiso salir,
asomó la cabeza a ese mundo
que tanto odiaba. Después se giró, dio un suspiro,
escarbó ausente en su corazón:

se diría que buscaba la bala
en él alojada.

Era Yambuya una res putrefacta,
millones de insectos sobre sus llagas,
y el olor agrio de carroña
y el canturreo monótono del lunático
y figuras tendidas como para siempre
y fuegos a punto de apagarse.
Stanley llegó a Yambuya a tiempo
de conocer el horror. Luego dejó que el silencio
inundase la aldea. Ni una palabra
en sus libros, diarios, cartas; solo,
en una ocasión, una amenaza:
«Si os levantáis contra mí,
os lo contaré todo».
Yambuya quedó para siempre sumergida,
y Gran Bretaña, aliviada, se dispuso
a honrar a sus héroes.

Entonces, si no queda nada,
para qué ese ansia,
ese horror,
esa prisa
por recorrer una vida
como quien quisiera abarcarla
de un solo paso.
Entonces, si no habrá nadie,
ni una voz,
ni un llanto
cuando callen los próximos,
si la historia más heroica,
la hazaña más hermosa
o la más horrible,
dejan de pertenecer al héroe,
al aventurero,
al asesino,
cuando este muere.

Es verdad, todo está escrito,
pero para qué,
para quién.

Pudiera ser que nada es,
que todo sea
un engaño. Las selvas, los ríos,
incluso los muertos,
un espejismo.
Pudiera ser que uno no vive,
sino que se empeña en vivir
a toda costa,
sin que el corazón, una sola vez,
consiga producir un latido.
Pudiera ser, también, que Henry Morton Stanley
no haya existido jamás, salvo en las enciclopedias
y en discursos ebrios de progreso.
Sería más creíble, más humano,
incluso más digno de elogio.
Todo lo inventó un niño
que, con una espada de madera,
daba sangrientos tajos al aire
en el rincón de una cocina galesa.
Son miles y miles los muertos
que aún piden merced a los pies del niño,
pero no hay compasión

para el enemigo. De un solo tajo
vuelan cien mil cabezas. Y Johnny recorre, victorioso,
un mundo sometido de antemano.
Europa, América, Asia, incluso África
se rinden temblorosos
a una espada hecha de astillas.
Y el niño sueña que algún día escribirá sus memorias.
Algún día, cuando sea viejo y rico,
y admirado,
y poderoso.
Johnny ríe apuñalando el aire,
busca un nombre acorde con tanta gloria,
un nombre que no sea también el de ellos,
un nombre que no sea adeudado,
como esas astillas que le arrebatan de la mano
para alimentar con ellas el fuego.

Llevaba buscándola tanto tiempo.
La buscó en las noches y los días de selvas, desiertos,
océanos. En los ojos del negro que canta,
en las encías sangrantes del escorbútico,
en la emoción que produce matar un hombre,
en las sombras proyectadas por la hoguera,
en los delirios susurrados por el aliento tibio de la malaria,
incluso —incluso— en el cuerpo de la mujer.

«Aaaaa», dijo —un gemido, una premonición—
antes de encontrarla. Tanto tiempo buscándola
que estaba allí y él aún no se lo creía.
Hubo un apresurarse a su alrededor,
un tensarse de oídos sumisos,
un cauteloso deslizarse de palabras
que no eran aquella.
Henry Morton Stanley tiene —o tenía, pues el pasado
estaba ya a punto de arrebatarlo—
sesenta y tres años, tres meses, trece días.

Contiene, aun en el lecho de muerte, las lágrimas.
No es el adiós, no es la soledad final,
no es ni siquiera el miedo a dejar de ser.
No es más que una tremenda, asfixiante sensación
de desperdicio: La vida entera
para encontrar una sola palabra.

«Kalulu», pensó. Pero no lo dijo.
No era esa la palabra. Tampoco el momento
para equivocarse.
Le pareció oír el barritar de un elefante
y negó firmemente con la cabeza: no eran recuerdos
lo que buscaba. Abrió
los ojos, los labios, el corazón
quiso también abrirse. Dudó,
pues pronunciarla sería un acto definitivo.
Lloró, entonces sí, su llanto seco. Y nada,
nadie, tampoco la muerte,
hubiese podido arrebatarle aquel instante.
«Basta», dijo.
Su cuerpo se tensó,
hizo como si fuese a dar un grito.
Pero ya estaba todo dicho.
La muerte se apresuró a estrangularle
sin un ruido.

Primera edición: abril de 2019

Publicado por Navona Editorial

Pau Claris, 167, 08037 Barcelona
www.navonaed.com

Fuentes de las imágenes:
Página 10: Retrato de Henry Morton Stanley incluido en su autogiografía (1872); página 56: Retrato de Stanley en la misión encargada por el *New York Herald* para encontrar a Livingstone (1871); página 58: Indígena de las cataratas de Boyoma (antiguamente «de Stanley») según un grabado belga del siglo XIX; página 70: Stanley supervisa a los porteadores africanos que llevan secciones del Lady Alice, según un grabado de *El mundo ilustrado* (1880); página 78: Batalla entre la expedición de Stanley y la tribu Ngala sobre el río Congo (febrero de 1877) según un grabado del *Illustrated London News*; página 96: la fotógrafa Alice Seely muestra las manos cortadas por los centinelas de la Compañía Anglo-Belga del Caucho (ABIR) que arrasaron el poblado de Baringa (1904).

Realización: La Letra, S. L.
Diseño de la cubierta: Eduard Serra
Impresión: Gracel Asociados, S. L.
Av. Valdelaparra, 27, naus 18-19
28108 Alcobendas
(Madrid)

DL: B. 7515-2019
ISBN. 978-84-17181-81-9